Paul Gisi
Aus düsteren Flammen
Lyrisches Testament

Books on Demand

Bibliographische Information der Deutschen National-
bibliothek: Die Deutsche Nationalbibliothek verzeichnet
diese Publikation in der deutschen Nationalbibliogra-
phie, detaillierte bibliographische Daten sind im Internet
über http://dnb.dnb.de abrufbar.

© 2018 Autor: Paul Gisi
Umschlagbild Ludwig Weibel
Herstellung und Verlag:
BoD – Books on Demand, Norderstedt
ISBN 9783752833041

Paul Gisi

Aus düsteren Flammen

Lyrisches Testament

Inhalt

I

Flammende Seinsdeutung

Du winkst dem Wind zu
es ist
als ob aus dunklen Höhlen
dir jemand zuriefe

    FORT MIT DENKEN
      VERSTAND
         UND VERNUNFT

        *

Das Wort
versickert im Kalkgestein

PROTAGORAS
SINNIERT ÜBER DIE GÖTTER

wir wollen
wachen
in dieser Nacht

*

Lass es gut sein
   zähle nicht
lass es gut sein
     grenze nichts aus –
lass es gut sein
das Nichtzählbare
das Nichteinzugrenzende

    *

Feuerteuflische Angst
rast
    durch die Ganglien

KARPFENLÄUSE ALLERORTEN

stürzendes Eis

Chöre der Nichtworte
zerreissen mich

                    *

Unerbittlich
zählst du
die letzten Lebenstropfen
für das Spiel des Nichts

*

IM WILDEN ATEM
SCHLUCHZT DAS SAXOFON

    ich genüge mir
in den letzten Hoffnungen *n i c h t* –
alles ist nichts

*

Ein Abendwind vielleicht
oder dein Lächeln
in der Flamme
    im Schweigen
    des Nachtschmerzes

      *

Dunkelheit
überwuchert
unser Schreien
SPALTALGEN IM BLUT

*

Du SCHÖNHEIT
rufst mich an
    im schlickrigen Versteck
im Gehäuse der Angst
      weit fernab
      von allem

halten wir uns
an der Hand
in dieser Nacht

        *

Der Flusskrebs
   studiert
      die Sternkreiszeichen
   und wird nicht schlau –

mir ergeht es
wie ihm

nun lerne ich
das Hexenallerleieinmaleins

             *

In dottergelben Kelchblättern
ruht sich
die Sonne aus –

    wir umarmen uns
O DU GESCHLANKE GESTALT

        *

Minutenlang
senken sich
die fernen Akkorde
in mich
wenn draussen
vor der Tür
die Dunkelheit wacht
wenn die Landschaften
sich verändern
die Schuppen der Zeit
ins Nirgendwo fallen

*

Du hast sie vergessen
die STEINWURZELN in dir
wenn die Schatten schweigen
    der Vogel
    die Sonne verdunkelt

DEIN AUGE EIN DIAMANTFINK

es gibt sie
die Traumfenster
von dir zu mir
hinter den Lidern
der Hoffnung
im Gespinst des Atems

                    *

Als welken
WEISSDORNSCHATTEN
in deinem Atem
tanzen Winde
auf deiner Zunge
Salamander
auf den Lippen
festgefügt
in der Maserung
des Steins
    aufscheinend
    im Feuer

*

Blauaufgerauhter Horizont
überm Strom
der Nacht –

VIOLINSCHLÜSSELSCHLANKE
SEHNSUCHT

im Seerosentraum
ruht sich
das Weltall aus

*

Im Hirnbruch
   zerfällt
      die Welt –
grobkalkige Schwermut
zerreisst
die Blutgefässe

im Höhlenkloster von Kiew
singen die Mönche
aus Sagorsk
      die grosse DOXOLOGIE

hörst du die Glocken
von Uspensk?

*

EIN NACHTMAHR
SITZT IN MEINER BRUST

pathogenes Weltall
im Blutstropfen
Salomon lächelt
denn ob Anfang
oder Ende
ALLES IST EINERLEI

*

Ich schreie
   stumm
ins Weltall
      entsetzt
      in Einsamkeit
   unauffindbar
   verloren
   für Gott

GRAUSAME ATAXIE

*

DIE NACHTSCHWALBE
  ÜBT SICH
    IN PHILOSOPHIE

in Angsthöhlen
g e f a n g e n
    erreiche ich dich
      nicht mehr

DU BIST TODWUND FERN

              *

Ich schenke dir
Farben und Harmonien
des Eros

SINTEMAL
ES KEINEN ANFANG
UND KEIN ENDE GIBT

*

Lustgefiedert
unsere Annäherung
umkelcht
von der Tulpe

FLAMMENDE SEINSDEUTUNG

*

URSCHLAUCHPILZE IM HIRN

tief verborgen
     in mir
   finde ich dich

    *

.

Du schreist
vergebens

nur das Leise
wird gehört

WAS EMPEDOKLES
ZUR LIEBE SAGTE

*

LICHTMETAPHYSIK

mit dir
entdecke ich
V e r b o r g e n e s
in den heiligen Schriften
der Völker
     im Tanz
     des Harlekinschmetterlings

*

WIDERBILD
IN MIR
T O D

„IR MINNESINGER
IU MUOZ OFTE
MISSELINGEN"
Ihr Minnesänger
euch muss vieles fehlschlagen
(Hartmann von Aue)

*

Verirrt
verwirrt
taumle ich
durch die Nacht
    bis ich mich
       bei dir ausruhe

FÜR NICHTS UND WIEDER
WIEDERUM WEGEN NICHTS

*

In den Blutbahnen
   rast
      ein Gott
      rast Tod

WANNENHERO
   DER WELTLINGE LÜSZTE
   KOMMEN

   Rettung gibt es nicht

            *

Wenn du dich
  näherst
    entfernen wir uns
    unüberbrückbar

IMPROVISATIONEN
VON BUCKELZIRPEN

            komm nicht
              ich brenne
      würde dich verbrennen

          *

Das Sumpfauge
philosophiert
über Sein und Nichtsein

NULLISOTHERMEN DER ANGST

unsere Tage sind gezählt

*

Du komponierst
  FÜR ECHNATON
    eine Sinfonie

    IN DER KNEIPSCHENKE
      JEAN PAULS

Schöpfung beginnt
immer wieder neu

                    *

STAUBBLÄTTRIGE WORTE

von den Lippen
tropfen
Galaxien
ins Nichtwissen
   ZÄHNEBLECKEND

       *

II

Wir vermessen Unendlichkeit

Klangverschattet
die Umarmung –
wir vermessen
Unendlichkeit

KANTILENE DER LUST

*

Im Dornengesträuch
der Schmerz –

PIKKOLOFLÖTENSCHREIE

fern
sinniert Andromeda

*

FÜNFMASTBARK DES TODS

windzerzauste
straubige Liebe
in den vier Himmelsrichtungen –
    Stereometrie
    des Nichts

          *

Aufschrei
des Lebens
du reisst mich
aus dem Schlaf
in den Sphärenklang
der dunklen Nacht

FEUERWURZELN
EISWURZELN
IN MIR

*

In Lustzuneigung
tanzen
mit dem Lied
des GLOCKENVOGELS

*

Sterne
auf den Lippen
als suchten sie
   ein Wort
MIT DEM METRONOM
     DER VERZWEIFLUNG

    *

Mit den Farben
des Schweigens
   malt ein Igelfisch
      einen LIEBESBRIEF
      AN DIE SONNE

*

Die Schritte
zwischen uns
sind nicht zählbar
HINTER DEN FEUERLINIEN
    DER VERZWEIFLUNG
        durchpocht
        von Todeseis

                    *

Lusttaumel
in hysterogenen Zonen –

Wahnsinn
tanzt
einen pas à deux

ich schmiege mich
an dich
DORNIG GEZÄHNTER
EXISTENZIALISMUS

*

Ich falle –

gregorianische Gesänge
der Trappisten
aus der elsässischen Abbaye
Notre-Dame d'Oelenberg
strömen herzwärts

ich ruhe aus
zutiefst
auf Inseln
die keine Zeit kennen

*

Im Gesang des Pirols
   träumt
      das südliche Sternbild
FLIEGENDER FISCH

      ich schenke dir
      Wein ein
   umarme dich
   ein letztes Mal

                    *

Du wirfst
das Auge
in die Angst
tappst durch die Nacht
in der abgebrannten Stunde

    im fernsten Winkel
      des Herzens
SCHREIT DIE EULE
im tausendjährigen Finstern
RETTUNGSLOS

        *

Farblose Trostlosigkeit
im bittern Morgen
nachdem du mich
verlassen hast
für immer

ARPEGGIEN DER EINSAMKEIT

todgereifte Frucht in mir
w o r t l o s g e w o r d e n

*

Ich kann nicht harfen
wenn Paukengedröhn
mich erschüttert

EJAKULATION EINES GOTTS

unterm Lidschlag
nistet sich Angst ein

im Stundenglas endet der Sand

IRRHEIT der grossen Nacht
zu zählen
gibt es da nichts

*

Ein gordischer Knoten
mein Wort –
    Licht wirft Anker
        ins finstre Bodenlose

HYPOMANIE RETTUNGSLOS

es gibt keine Überlebende

*

Dein Lächeln
stirbt
im Würgegriff
der Nacht

ARTERIOSKLEROTISCH

*

WIR TRINKEN ARRAK NACHTS

verdunkelt
flosst
die Zeit
in die Meerhöhle
in dir
   a u s w e g l o s

       *

Hörst du
den Zuruf
des Steins?

FUNKENELEMENTE DER STERNE

   im Schwermutdämmern
      stürzen die Schatten
in den eiskalten Schrei

*

Der Phallus blüht –
EIN GEFLECKTER ARONSTAB

*

PROGRESSIVE PARALYSE

Raubwürger M e n s c h
psalmodiert
T O D

*

Vor der Dunkelheit
zu fliehen
es nützt dir nichts
sie ist immer vor dir

FLUSSMÜNDUNG DES WAHNS

   wirf dich
   in den Brand
     du musst es tun
       ohne Wenn und Aber
– DAS WELTALL LACHT

             *

Aus dunkler Höhle
s c h r e i e ich
zu dir –

HOMERISCHER SEEFAHRER

du hörst mich nicht

*

III

Im Lichtriss

Ich erkunde
die Milchstrasse
in mir –

JOSEPH HAYDNS STABAT MATER
IM LICHTRISS

die Wege sind feurig

*

Rachitische Wucherungen
CHORALNOTATIONEN FREMDER VÖGEL
Geschwüre der Nacht
  Verzweiflung in mir

*

Ich sage J A
zu den Wirklichkeiten
ich liebe dich
kleiner Flohkrebs
AUF DER METAPHYSISCHEN
        WELTRAUMFAHRT

*

Versteckt
in einer Lotosblüte
   träumt das Weltall
   Leben und Lust

ich wache auf
halte deine Hand

SCHRITTE INS AUSWEGLOSE

*

Aus dem Wasser geboren
   im Feuer geformt
höre ich deine Stimme
uralter Gott
IM LICHTHYMNUS ECHNATONS

*

Goldtaubnesslige Lust
   fingert nach dir
   Spiralgalaxien
   umhüllen dich

     LIEBE
     VERBORGEN VON DER
FRUCHTHÜLLE

wir fallen in Ekstase ineinander
ORPHISCHE KOSMOGONIE

       *

Lichtgeätzt
das Wort
  in deiner Hand –

HYMNE HÖLDERLINESK

    nun wagst du
      keinen Schritt mehr

                        *

LUNGENGANGRÄN

ich überquere
den Fluss in mir
    um bei dir zu sein

FARBMISCHUNGEN
DER VOLLENDUNG

*

Metastasen
wie Paukenschläge
auf dem Körper –

DER MESSERFISCH
    ZERSCHNEIDET DAS HERZ

in der Asche
    glüht ANGST

*

Dornig gezähntes Brandmal
auf der Stirn –

DÜSTER
UNHEILVERKÜNDEND

wir sind alle
rettungslos verloren
GEZEICHNET VOM UNTERGANG

*

Verzweifelt
    reise ich
ÜBER DEN OZEAN
DES HIMMELS
    zu Varuna

ROBERT-SCHUMANN-DUNKEL

*

DIE SCHIMÄRE GRINST

ich will
mit dir leben
auch wenn wir sterben
in dir
durch dich

*

In Sturzbächen
   eile ich
      zu dir –
    du lässt es geschehn

ANSCHMIEGSAM ZÄRTELND

*

Im Schatten
von Anton Bruckners
    Kathedralsinfonien
        kauert
        eine Einsame
            mit zerrissnem Herzen

ich küsse
ihre Bettlerhand

SEGMENT DES KOSMOS

                    *

Ich liebe
    DAS UNBEGREIFLICHE
    DER FINSTERNIS –

ich liebe dich
liebe den Irrweg
    zu dir

INTERFERENZEN DER LUST

*

Von Leidenschaft
entflammt
zu dir hin
entflammt –
DU VERBRENNST MICH

BONGOSCHLÄGE
DES TODS

*

Im Aufschrei
   DER NACHT
rufe ich
    nach dir
ZITRONENFALTERGLÜCK

*

Wir lieben uns
   im Klarinettenton
    der Nacht –

NICHTMEHRZÄHLBARES LEBEN

*

AUF DER FELSTERRASSE
SINNIERT SENG-TS'AN

ein Vogel irrt
durch die Gewitterwolke

wir wollen wach bleiben
in dieser Nacht

ATEM IN ATEM VEREINT

*

Du fischotterst
   hummelst
      laubfroschst
VIELGESTALTIG
NAMENLOS
   IN ALLEN NAMEN
      DES SEINS

*

Du wirfst dich
ins Tagelose
    INS NACHTFIEBRIGE
    ZEITLOSE
und zählst
      das Bittre
ZWISCHEN DEINEN ZÄHNEN

              *

Ich suche dich
    und finde dich
nicht –

Werke von Paul Gisi 2015 bis 2018 bei Books on Demand, Norderstedt, Deutschland

op. 101 «Nächte des Knurrhahns»,
Testament der Leidenschaft.
Aphorismen, Fantasien, Briefe (2015)

op. 102 «Auf deinen Fingerbeeren tanzt das
Weltall», Liebesgedichte (2016)

op. 103 «Oleivo der Maler», Passagen aus
einem Künstlerleben, Prosa (2016)

op. 104 «Simon der Dichter», Teilsichten aus
einem Künstlerleben, Prosa (2016)

op. 105 «Lichthin in deinen schwarzen
Pupillen», Liebesgedichte (2016)

op. 106 «Ausgebrannte Erleuchtung», Gedichte
(2017)

op. 107 «Das Universum setzt Segel», Gedichte.
«Mit Nachbemerkungen des Lyrikers»
(2017)

op. 108 «Irrlichtertanz», Fantasiestücke, und
«Sei klar wie eine Galaxie», Ratschläge
für einen jungen Lyriker (2017)

op. 109 «Pinselstriche des Weltalls»,
Lyrische Notizen,
Bibliografie 1969 bis 2018 (2018)

op. 110 «Fulminantes Weltverständnis.
Briefe an Ludwig, erstes Buch»,
(2018)

op. 111 «Aus düsteren Flammen»,
Lyrisches Testament (2018)

*

Paul Gisi wurde 1949 in Basel geboren.
Lyriker, Schriftsteller, lebt in Rorschach
(Schweiz)

zackenbarsch.gisi@gmail.com
www.zackenbarsch.ch